비타민

빛남시선 167

비타민

최 지 호 시집

빛남출판사

• 시인의 말

삶에 대한 각자의 영역 속에서
잠재되어 있던 또 나를 발견하고
감성을 자극해 빚어낸 시어들이
제자리를 찾아가게 하는
길동무가 되고 싶다

나의 글로 인해 공감대가 형성된다면
별빛을 빌려와 다리를 놓는 작업을 하며
울림이 커질 때까지 공간을 메꾸어 가리라

주어진 공간 속에서 아름다움을 수놓으며
과장된 억지 웃음이 아닌
순수한 미소로 다가가고 싶다

2025년 9월

최 지 호

시인의 말 • 5

1부

비타민 • 13
사무실 • 14
달과 별의 사연 • 15
독백 • 16
기념 선물 • 17
지평선 • 18
고요의 자리 • 19
조심스러운 새 생명 • 20
함께하는 초록 • 21
따듯한 위로 • 22
파도 속의 인연 • 23
상상의 나래 • 24
어두운 기억들 • 25
태초의 발걸음으로 • 26
툭, 내일이 떨어지는 소리 • 27
세월의 길목 • 28
함께 나누는 달콤함 • 29
한숨 돌리며 • 30
비의 유혹 • 31
푸르름의 설레임 • 32
다음보다 지금 • 33
나를 사랑하는 나 • 34
구겨진 아픔 • 35
감동, 그 너머 • 36

2부

크리스마스 트리 • 39
버려지는 것의 변주 • 40
향기의 추억 • 41
밤바다 • 42
시간 여행 • 43
내일의 나 • 44
그래도 기본 • 45
불면증 • 46
양파 장아찌 • 47
숲속 • 48
구름을 친구 삼아 • 49
저녁노을 • 50
소중한 기억 • 51
호기심 • 52
거짓말 탐지기 • 53
비상의 시간 • 54
파라솔 아래서 • 55
바람에 묻다 • 56
영화처럼 • 57
터널을 빠져나오며 • 58
주연과 조연 • 59
일출 1 • 60
아름다운 그대 • 61
쇼핑백 • 62

3부

옥상층의 비화 • 65
사과 • 66
화해의 손길 • 67
빛과 그림자 • 68
거기까지만 • 69
전설의 모티브 • 70
긍정의 점 선 면 • 71
배려하는 마음 • 72
역방향 • 73
타국 • 74
내 집 마련 • 75
너를 위한 안식처 • 76
안개 • 77
포토존 • 78
못다 한 이야기 • 79
별자리 • 80
빛 • 81
악기 • 82
손금 • 83
원치 않았던 방문객 • 84
꿈과 현실 • 85
거짓 웃음 • 86
지푸라기 • 87
루비혼식 • 88

4부

폐차장 • 91
어머니의 택배 • 92
금연 • 93
아가 • 94
아내에게 • 95
편지 • 96
가족 여행 • 97
종합검진 • 98
일출 2 • 99
몽중夢中 • 100
천사들의 합창 • 101
사계四季 • 102
해맑은 생명 • 103
겸손의 몸짓 • 104
지나간 날들 • 105
마른 가지의 노래 • 106
간절한 그리움 • 107
못다 한 이야기 • 108
함께해 봄 • 109
어떤 그리움 • 110
소중한 인연 • 111
저기에 또 다른 내가 • 112
순간의 소중함 • 113
바라보는 서로의 모습 • 114

해설 / 바른 생활 프로젝트, 공공의 적들 / 정익진 • 117

1부

비타민

쉼표가 보이지 않는 휴식 속에서
눈을 감고 있지만 정신은 또렷한,
아픔의 조각들이 가슴을 파고든다
흩어져 버린 소중했던 인연들을 모아
다시 조합해 본다

풍파에 시달리면서도 바위 틈새로
뿌리내리며 초록을 뽐내고 있는
너의 자태는 희망의 화음이 되고 있다

생의 언저리에서 소리 없이 묻혀 가는
너의 모습을 떠올리며
따스한 온기로 감싸 안는다

물이 바다를 다스리듯
바람이 태풍을 지배하고 있음을
가끔씩 잊고 사는 건 아닐까

너는 분명 긍정의 활력소,
너는 분명 해피 바이러스,
나의 비타민

사무실

염치 없이 삐쭉 고개를 들려는데
만류하는 분위기가 역력해
다시 숨어들어야 했다

누울 자리가 분명한데도 다리를 뻗으려 하니
어느새 좁아진 공간에서 눈치를 봐야 했다

찢어진 바위 틈새로 뿌리를 내리고 있는
식물을 보고 있으면
바위를 가르며 뿌리를 내렸는지
갈라진 바위 틈새를 찾아 뿌리를 내렸는지
궁금해진다

아무리 텃세를 부려도 움트는 싹을
말릴 수가 없듯이
양보와 배려의 마음을
열어 주어야 한다

나의 자리가 중요하듯이
타인의 자리에도
빛과 바람이 스며야 한다

달과 별의 사연

달빛을 꼬옥 껴안고
별빛을 한 모금씩 나누어 본다

구성진 음악은 가슴을 파고들며
지나간 날들을 초대하는데
그때 못다 했던 사연들을 올려다 놓는다

음악을 타고 다니며 분위기와 조화를 이루고
색다른 기운이 따스하게 스며든다

어제와 내일을 연결해 주는 오늘을 사랑하며
지금의 계단을 평지로 깎아 내어 본다

밤하늘의 달빛은 별빛과 어우러지면서
고통을 잠재우고 근심을 몰아내며
아침을 밝혀 줄 햇빛에게 건네 주겠지

지난밤의 사연들은 은하수를 타고 다니며
이끄는 별에 정착하여 이야기 꽃을 피우고
허공 속으로 흩어져 간다

독백

너의 두드림을 잠시 빌렸다
침묵 속에서도 많은 시련을 담고 있는
너의 흔적을 찾아 보려고
어눌한 나의 몸짓으로
한걸음 가까이 가 보지만
경계의 눈빛이 나를 멈추게 한다

하늘과 맞닿은 산능선 따라
나타났다 사라지는 철새들
말을 걸고 싶지만 구름 뒤로 숨어버려
좀처럼 기회를 주지 않는다

너의 아픔을 꺼내어 함께 나누고 싶지만
너의 흔적을 찾아 동행하고 싶지만
잔인하리 만큼 거부하며 자취를 감춘다

마음 안에 있는 다른 마음을 찾아 헤메며
다음 생에서는 너의 존재 속으로 먼저 들어가
달빛을 감싸 안아 별빛의 온기를 마주하리

기념 선물

결혼기념일에 맞추어 떠나는 여행
아내는 가장 빛나는 순간을 품는다

에코열차로 달리는 시간
원시림의 거친 숨결과
정돈된 숲의 질서가
창 너머에서 번갈아 스친다

싱그러운 바람이 몸속을 파고들며
세포를 헝클어 놓는다
신록의 우아함이 자태를 드러내며
온몸의 감각을 깨운다

간이역에 내려 조랑말도 타고
하트 모형 속에서 주인공이 되어 한 컷
호수에서 즐기는 뱃놀이

바람을 타고 가는 구름처럼
구름에 스쳐가는 햇빛같이
또 그렇게 세월의 한 페이지를 접어 본다

지평선

언 땅을 뚫고 솟는 풀잎처럼
어둠을 걷어내는 햇살처럼
화려하지 않아도
흙에서 시작된 너의 존재는
유난히 돋보인다

스쳐가는 미완의 언어가
시의 숨결로 태어나기까지
시간의 인내가 함께했듯이

볼 수 없음에도 보일 듯한 기분이 드는 건
이미 그곳에 네가 있었기 때문이다

부정할 수 없는 가치를 잊고 살았지만
울림을 자극할 때마다 고마운 마음을 간직하며
나는 한 걸음 더 다가선다

끝이 보이지 않는 길 위에서도
희망을 안고 걷는다

고요의 자리

가슴 깊은 곳에서 배어 나온 언어는
바람을 타고 돌아다니며
구름과 함께 숨을 고른다

하얀 손 마주잡고
파란 하늘 등에 업은 채
여기저기 기웃거리다
햇살과 나란히 걷는다

어디선가 그윽한 향기에 이끌려
꽃밭에 내려앉아 꽃잎을 노래하면
벌과 나비도 흥겨운 장단을 맞추고
산새들의 지저귐이 화음이 되어
다시 가슴속을 파고든다

고개를 낮추자
곳곳에서 손짓이 번지고
웃음 따라 설렘이 돌아온다
서로의 마음이 맞닿아 행복이 내려앉는다

조심스러운 새 생명

소리 없이 내리는 따스함이
곳곳에 스며들며 다가오고
자그마한 몽우리가 여린 풀잎을 만난다

창을 열어 눈부시게 맞이하니
바람마저 시샘을 하며
파고드는 햇살을 경계한다

허락된 그곳을 넘나들며
흘기는 시선을 외면한 채
자유를 노래하는 너

조금씩 다가오렴
이제 막 뒤집고 옹알이하는데
조급한 마음으로 손 내밀면
그 여린 숨이 다칠 수 있으니

솜사탕 같은 부드러움도
손가락 끝의 끈적거림으로
내게 오래 머물 수 있으니

조금씩, 조금씩

함께하는 초록

신록, 그 푸르름을 담아
나를 초대했던 그 자리에서
둥지를 트고 꽃잎을 클릭해 본다

가슴을 뭉클하게 하는 전주곡에 이끌려
자신도 모르게 입을 달싹거리며 화음을 맞춘다

옆에서 보내 주는 눈길이 감미롭고
잡아 주는 손길이 따스함에
그 온기를 여기저기 나누며
흐드러지게 만발하는
꽃잔치에 줄을 맞춘다

향기는 바람을 타고 기웃거리며
동참을 유도하고
설레이는 자태를 뿌리며 다닌다

동심이 와닿는 그곳에 푸르름이
지칠 줄 모르는 꽃 향기가
유혹의 손길을 보낸다

따듯한 위로

눈물에 찔린 가슴을 움켜쥐고
가까이 가 본다

언제부터 시작되었는지 바닥은 흥건히 젖어 있고
슬픈 기운이 주변을 감싸고 있다

말 건네기조차 조심스러워
숨소리 낮추고 옆자리를 지키는데
마음은 찢어져 너덜거린다

슬픔 뒤에 오는 또 다른 슬픔은
만나고 싶지 않아
마음을 다스리며 앞으로 나아가 본다

끝자락은 다른 처음이 있기에 존재하고
망각은 새로운 생각을 맞이하기 위한
마중물임을 상기하며 희망의 끈을 붙잡는다

연결된 끈을 건네고 어깨를 다독거리며
혼자가 아니라는 따뜻함을 전해 준다

파도 속의 인연

상처 난 파도의 끝자락이 거품을 물고 있다
쉼표 없이 밀려 왔다 갔다를 반복하는 너

먼바다에서 만난 물결들과
친해지기도 전에 부둥켜안고 뒹굴었으니
이미 우리는 갈라질 수 없는 천생연분이다

바람에 흔들리고 폭풍에 찢어질 것 같은
위기도 있었지만
우리는 맞잡은 손을 놓지 않았지

가는 길의 끝이 어디인지 몰라도
마지막 순간까지 너의 모습을 볼 수만 있다면
목청 높이 노래를 부르리라

서로의 마음이 닿는 자리에서
번져 오는 향기를 들이마시며
함께 웃고,
네 상처를 천천히 덮어 주리

상상의 나래

감각적인 달콤함으로 상상 몇 개를 보관해 놓았다
시간은 이미 다른 곳에서 어떤 대화를 하며
마음을 흔들고 있는 걸까

여기가 끝이었다고 생각하는데
마음은 벌써 다음을 향해 달리고 있다

기다림에 지쳐 기지개를 켜 보지만
떠올리는 것조차 따분한 마음과 맞물려
자신과 타협해 본다

소리 하나가 날아오르며 뇌리를 자극한다
두번째 세번째 소리도 나를 공격하며 울부짖는다
귓전을 맴돌며 무어라 소리치는데 들리지는 않아
여기까지만 하자며 나도 돌아서 버린다

상상 하나를 잠시 빌렸다
작은 소리에도 깜짝 놀라는 너는
많은 고백을 쏟아낼 것이라 그려 본다

어두운 기억들

지우개 없이 하나씩 지워 나간다
불편한 기억들, 트라우마에 걸려 있는
어두운 단어들

안단테의 가락에서 알레그로 쪽으로 이동하며
뇌리를 혼란스럽게 한다

스치는 바람결에 몸과 마음을 담아 띄워 보니
깊은 곳에 남아 있던 비애가 고개를 들며
애틋한 눈길을 보낸다

장밋빛 향기 속에 환하게 피어오르는
눈부심을 그려 보며 남은 미련을 잠재워 본다

먼 훗날 망각의 흔적이 떠올라도
무시하고 외면하며
밝은 빛으로 덮어 버리리라

지우개도 필요 없이 작은 흔적까지도
지워 버리리라

태초의 발걸음으로

바람에 흔들리는 햇살이 파도를 타고 다니며
조금씩 부서지고 있다

꿋꿋할 수밖에 없는 자신을 합리화시키며
거칠은 사각의 무대에 올려 놓고
어디까지 갈 수 있는지 관망해 본다

부서지는 아픔 속에서 유연성을 배우며
실패의 착오 속에서 슬기로움을 터득해 본다

넘어지고 일어서기를 수없이 반복하며
걸음마를 완성하듯이
알아들을 수 없는 옹알이를 지속적으로 날리며
말문이 트이듯이

지나쳐 버린 태초의 본능 속에서 진리를 찾으며
내일을 향해 달리는 발걸음에 힘을 실어준다

툭, 내일이 떨어지는 소리

내 마음은 급한데 너는 느긋하게 웃고 있구나
언제 떨어지려나
아직도 새파란 얼굴을 하고 있으니

지난날의 그리움이 교차하면서
아쉬운 마음을 담아 허공에 날려 본다

평상에 누워 바라보는 하늘 캔버스에는
갖가지 구름이 상상력을 동원시키고
파노라마를 만들어 가며 설레이게 한다

구름 뒤에 감춰진 유토피아를 그려 보며
지나간 시간들을 끌어 당겨
아름다운 퍼즐을 다시 맞추어 본다

툭 하고 떨어지는 내일의 소리가
지쳐버린 내 마음을 달래준다

세월의 길목

세월을 당겨 봄을 연주한다
한파가 방해하며 옷깃을 파고 들지만
지나갔던 푸르름이 다가오고 있음을 느끼며
매화 향기에 몸을 맡긴다

겨울을 이겨내고 꽃봉오리 맺히기까지
숱한 시련을 담아 여기까지 왔음에
너를 보듬고 오래오래 입맞춤하련다

어김없이 흘러가는 세월을 붙잡을 수는 없지만
지금 이 시간이 소중한 순간임을 알면서도
놓치고 가는 자신을 꾸짖어 본다

답답한 심정에 하늘을 올려다보니
변함없는 옥색으로 내 마음을 물들이며
따스한 손길로 어루만져 준다

앞으로 내딛는 발걸음이
예쁘고 향기롭게 이어지기를
소망하면서

함께 나누는 달콤함

귓가를 간지럽히는 선율
들릴 듯 말 듯 아련하게
심금을 만지작거린다

감미로운 감상에 젖어
음원을 따라 낯선 곳까지 가 본다
귀에 익은 음악은 주변을 맴돌며
호시탐탐 마음을 낚시질한다

무너지지 않으려 안간힘을 쓰지만
달콤한 음악은 마음을 송두리채 빼앗으며
또 다른 공간으로 나를 안내한다

지칠 줄 모르는 감미로움은 나눔을 싣고
숨가쁜 비행을 이어간다

친구를 만나 화음을 만들고
여럿이 모여 합창을 이루면서
아픈 상처를 나누어 본다

한숨 돌리며

소리 내지 않아도 들리는 너의 울부짖음

자존심에 매달려
아슬아슬 줄타기를 하는 너에게서
흐느끼는 감정의 한 조각을 찾아
풀려버린 단추를 꿰매어 주며
매무새를 정돈해 본다

어디서부터 시작되었을지 모를 목마름
생의 어느 언저리에서
치열한 경쟁을 하며 여기까지 왔을까

다듬어진 길이 있었음에도
험한 길을 고집하며 넘어지기를 여러 번
길이 아닌 길을 만들며
자신을 연마해 왔다

힘들었던 여정을 뒤돌아보며
이제 잔잔한 꽃길에 줄을 맞추어 간다

비의 유혹

빗소리를 다독거리며 저 멀리 배달하려는데
맛도 향기도 느껴지지 않는다

주인을 잃은 기억은 방황을 거듭하며
제자리를 찾지 못하고
어렴풋이 다가오는 그림자를 뒤집어 보니
조금씩 드러나는 윤곽이
나를 흔들며 유혹의 손길을 보낸다

전신을 자극하는 감미로움은
서서히 나를 포박하며
멘탈까지 빼앗아 가려 한다

기나긴 가뭄을 잠재우는 빗줄기는
얼룩진 세상을 씻어 주며
싱그러운 새싹에게 희망과 생명의
전령사로 미소 짓고 있다

조금씩 잦아드는 너를 아쉬워하며
무지개빛으로 남아 있는 물방울을 건드려 본다

푸르름의 설레임

무심코 스쳐가는 바람결을 뒤쫓아가 본다
무언가 놓쳐 버린 것 같은 허전함에
달려가 보지만 그것이 무엇인지 분명하지 않다

한때는 간절했던 그것들이
이제는 감정이 무디어 졌는지
시큰둥하게 여겨지는 건
어쩔수 없는 섭리인가

그래도 새싹이 돋아나고
꽃봉오리가 고개를 내밀 때면
설레이는 마음이 온몸을 파고 든다

푸른 이파리가 여전히
깊은 곳에서 꿈틀거리고 있음은
아직도 감정이 살아 숨쉬고 있다는 것

여린 싹을 끌어올려 무딘 감정을 덮어 버리고
멀어져 가는 두근거림을 잡아당겨
오래오래 설레임을 나누고 싶다

다음보다 지금

시작은 언제나
희망과 기대 속에서 출발한다

기대를 안고 들어선 개업집
체계 없이 어수선한 공기
급히 맞춘 듯 맛을 잃은 밑반찬

주인을 불러 항의하니
다음에 오면 잘하겠다는 말뿐이다

그 다음이 올까
온다 한들 나를 어떻게 기억하고
무엇을 잘 하겠다는 걸까

잘못이 있다면
바로 사과하고 바로잡으면 될 일
그랬다면 평생 단골이 되었을지도

다음은 언제나 미지수일 뿐이다

나를 사랑하는 나

이번 생의 문을 두드려 열어 본다
과거에서 현재, 그리고 미래의 내 모습
투영해 보고 생각의 무대 속으로 들어간다

난이도가 높은 고차 방정식이 앞을 막는다
모범 답안이라도 찾아 보려고 발버둥쳐 본다

답답할 때마다
습관적으로 하늘을 쳐다보고
생각에 잠겨 보는데
단순한 진리가 어두운 마음을 어루만진다

비록 이번 생이 고달프고 힘들지언정
그것을 탓하고 주저 앉을 수는 없겠지

내가 나를 사랑한다면
아픔과 고뇌도 사랑하리라
시행착오로 비롯된 실패까지도 사랑하리라

다음 생이 어떤 모습으로 기다린다 할지라도
부끄럽지 않게 나아가리라

구겨진 아픔

책갈피에 묻어 둔 어제를 꺼내 본다

누군가에게 린치를 당했을까
여러 군데 멍들어 있어
말 건내기가 조심스럽다

한동안 침묵이 흐른다
긴 한숨이 바람에 날리며 곁눈질하길래
한걸음 다가가 너의 상처를 안아본다

여론 몰이에 힘들어
비명조차 삼켜가며 견뎌야 했던 아픔
가슴속 깊이 전해오는 흐느낌에
더 이상 참지 못하고 울음을 터트린다

지금은 넘어져 짓밟히고 있지만
세상의 끝이 오기 전에
진실은 드러나고 밝혀지리라 믿으며
어제를 다시 접는다

감동, 그 너머

감동을 하나 얻었다
고마워 댓가를 지불하려는데
한사코 고개를 젓는다

본질을 흐리게 할 수 없다며
짧은 메세지만 남기고
바람처럼 사라져 버린다

남겨진 여운은 파문이 되어
혈관을 타고
말초 신경까지 번져 간다

그 파문은
내 안 깊숙이 내려앉아
시간을 건너 내일로 번져간다

2부

크리스마스 트리

산타 할아버지한테 선물 받았다고 자랑했다가
바보란 소리를 들었다는 손주 녀석

산타는 착한 아이에게만 찾아오는 거야
우리 민준이처럼 말이야

그렇게 달래주었지만
언제쯤 진실을 말해야 할까
마음 한켠이 망설여진다

크리스마스를 유난히 사랑하는 손자
장식장 위 오디오 한켠에
1년 내내 자리 지키는 작은 트리

올해도 나는 건전지를 넣는다
어여쁜 동심 속 반짝이는 불빛 하나 켜주려 한다

민준아
너의 세상을 지켜주는 건
가끔은 진실보다 따뜻한 거짓이란다

버려지는 것의 변주

언제부턴가, 어디에서부턴가
피하고 싶지만 모른 척할 수 없는 너

가끔 눈살을 찌푸리게 하더니
쌓이고, 썩고, 흘러넘쳐
내 일상에 그림자를 드리운다

그러나 그것은 나의 흔적
내가 살아온 시간의 조각
마냥 버릴 수도, 함부로 부정할 수도 없다

선택하고, 누리고, 지나쳐 온 것들
가치를 다했다 하여 내친다면
세상은 곧 묵은 잔해 속에 잠겨버릴 터

오늘은 마음먹고
정리 정돈, 재활용 분리수거까지 마치니
너는 또다른 얼굴로 서 있다

빛과 그림자의 경계가
내 안에서 조용히 숨 쉬고 있었다

향기의 추억

생각만 해도 맑아지고
떠올리면 웃음이 번지던
너는 세상을 밝히던 이유였다

화려한 말 대신 옥빛 몸짓으로 다가와
메마른 영혼에 숨결을 불어넣던 그 마음

벗이여
같은 하늘 아래 살고 있겠지만
어떻게 지냈는지 어떻게 변했는지
그리움이 자꾸 번져간다

연락 끊긴 지 오래
찾을 길이 막연하여
달빛에 젖어 사무치는 마음
스스로를 흔들어 꾸짖는다

언제일지 모르나
빈 가슴을 채울 향기가 온다면
이젠 놓치지 않고 끝까지 품으리라

밤바다

모래알 속에서 숨죽이던 시어들이
파도를 타고 다니며
모양새를 드러낸다

어깨를 감싸 안고 해안선을 따라 걸으면
무수한 언어들이 밀어가 되어
보따리 속에서 빠져나와
주변을 풍요롭게 물들인다

사랑을 느낄수록 한마디 한마디가 조심스러워지고
옷매무새와 몸짓에도 우아함이 깃든다

연인들이 지나간 해변에서
달콤한 감각을 맛보며
뒹구는 조개의 노래에 귀를 기울인다
싸아~ 스르르~

마침표 없는 연주는 이어지고
밤하늘을 가르는 유성이 분위기를 고조시킨다

시간 여행

맡겨 두었던 시간을 찾으러 갔다
수수료를 제하고 일부만 건네받았다

빠듯한 시간에 일정관리 하기도 바쁜데
잡념은 끊임없이 방해를 한다
항의를 하니 오히려 충고를 하는데
좋은 생각만 지니고 따라오라고 한다

긴가민가 하면서 일단은 동행하며
여러 경험을 해 보는데
단단한 바탕 위에서
지금껏 알지 못했던 긍정의 빛이
온몸을 감싸온다

무심히 흘려 보낸 순간들을 모아 꿰매어 보니
제법 쓸 만한 조각들이 되어
아쉬울 때마다 힘이 되고 벗이 되어 준다

해피 바이러스를 타고
추억의 강을 따라 흐르는 여행 속에서
나는 너의 존재를 더듬어 찾는다

내일의 나

말로 형언할 수 없는 그 무엇이기에
품 속에 넣고 다니며
한번씩 꺼내보곤 했었지

태어나자마자 스스로 고개를 들고
주변을 놀라게 하더니
얼마 지나지 않아
한 손에 우뚝,
세상에 향해
몸을 곧추세우려 했지

영롱한 눈동자 속에서
내일의 내가 시작되고
방긋 웃는 얼굴 위로
미래의 길이 열리고 있었지

너는 내일을 보여 주는 거울

평온한 모습으로 다가와
마침내 내 안에
또 하나의 나를 세우는 나의 딸

그래도 기본

시간을 타고 가는 세월을 두드려 본다
어찌 그리 빠르게 지나가는지
눈으로 따라가기도 힘들어
상상을 동원해 붙잡아 본다

먼 길을 돌아 다시 돌아온 그곳이
처음 길이 아니기를 바라면서
평온한 그곳이
여유로움으로 채워지길 바라면서

나에게 거짓을 강요하는 또 다른 모습에
몸서리치면서도 나의 의지와 관계없이
옆길로 이동하고 있는 건 아닐까
그건 아니지

잠깐 흔들렸던 나를 다잡는다
지금까지 잘 지켜 왔듯, 지금처럼만 버티다 보면
쓰라린 상처를 보듬어 주는 좋은 세상이 반겨 주겠지

저 하늘의 별들도 나를 응원하듯
내일의 길을 환히 열어 준다

불면증

오래전부터 나를 지배했으나
그 존재조차 알지 못한 채
자신을 탓하고 나무라며 지나쳐 지나왔다

예상치 못한 세계와 마주했을 때
당연한 과정이라 위로하며
그 길을 지나쳐 왔다

어디서 시작해 어디로 흘러갈지
막연함 속에 뒤척이며
어린 날로 거슬러 가
오늘의 나를 다시 그려 본다

건드리고 만지고 쪼개어 봐도
해답을 찾을 수 없어
나를 멀리 던져 보니
또 다른 내가
그곳으로 이끌어 간다

양파 장아찌

양파 장아찌를 담으려
한 자루 사 와 껍질을 벗기고 씻는데
생각보다 많아 중간에 지쳐버렸다

이미 벌려 놓은 일, 옹고집으로 밀어부치니
아내가 고개를 젓는다

내키지 않는 일을 하다 보니
칼이 미끄러져, 결국
아내는 왼손 엄지 손가락을 베이고 말았다

"아악"
손가락을 움켜쥔 비명이 내 심장을 찢어냈다

급히 달려간 응급실
다행히 손톱 일부만 잘려나갔지만
남겨진 마음의 흉터는
트라우마가 되어
고집과 강요를 멈추게 하는
내일의 기준이 되었다

숲속

고요한 숲을 간지럽히는 빗소리
그 정겨운 리듬이 마음을 다독인다

상상의 결을 따라
너의 문을 살며시 열어본다

바람과 공기와 함께 숨 쉬며
묵묵히 자라는 모습은
어느새 내 안의 자랑이 되고

이파리는 말없이 이야기를 품고
꽃은 제 몸을 열어 세상을 환하게 밝히며
열매는 목마른 이에게 기꺼이 달콤함을 건넨다

아낌없이 내어주는 숲의 노래
세상을 조용히 정화하는 숨결이 된다

그 숨결에 기대어
오늘도 나는 숨을 쉰다

구름을 친구 삼아

폭염을 헤집어 비집고 들어오는 구름
한숨 돌릴 수 있는 안식처다

만져 보고 안아 보고 싶어도
쉽게 허락하지 않는 너는
환상의 실루엣처럼 나타났다 사라지며
끝없는 폭염 속 작은 희망으로
어릴 적 내 안에 심겨 있던
동심을 흔들어 깨운다

혹시 누군가 너를 타 본 적 있을까
양떼도 몰고 다니고 새털도 뿌리며
나도 한번 너를 타고 기분 좋게 날아가 볼까

꽃 향기 속에서 웃음꽃 피우며
천국을 연주해 볼까

그러다 보면
내 삶의 무게도 바람처럼 흩어지겠지

저녁노을

햇빛에 흠집 난 인연을 조합해 본다
그토록 갈망하며 찾아 헤매었는데
곁에 있을 땐 소중함을 왜 모르고 방치했을까
어둠 속에서 갈구하며 목말라 했던 밝은 빛은
왜 곁에 있을 땐 무심코 흘려 보냈을까

강 건너 저녁노을은 새털 구름과 어우러져
붉은 색채의 마법을 보이는데
저 멀리 기러기 무리는
백댄스하며 군무를 뽐내고 있다

하늘 도화지 무대에서 펼쳐진 황홀한 공연 속에서
자칫 지나쳐 버릴 수 있는 파노라마를
가슴에 묻어 두고 축제 속으로 빠져든다

노을의 화려함을 마음껏 누리며
어둠 속으로 이동하는
너의 끝자락을 아쉬워하며 붙잡아 본다
고즈넉한 여운을 뒤로하고
내일의 너를 기대하면서

소중한 기억

접어 두었던 기억들이 기지개를 켠다

아련한 추억을 달래며 한 걸음 다가가면
머무르고 싶었던 순간들이 나타나
도돌이표처럼 화폭을 채운다

출렁이는 물결 위
튜브에 몸을 맡기고 웃던 너의 모습
유난히 물놀이를 좋아하던 너를 위해
밑그림을 숱하게 그려 보고
시나리오 속 주연으로 불러내곤 했다

언제까지 볼 수 있을까
마음이 지칠 때마다 조금씩 꺼내어
빈자리를 메워 주는 나의 비타민

제한된 시간을 아껴
한 움큼 빌렸던 기억들을
이제는 제자리로 반납한다

호기심

떨어져 나온 4분음표가 제자리를 찾지 못하고
방황하는 사이 숨쉬는 타이밍을 놓쳐 버린다

맡겨 두었던 호기심이 비집고 나오며
따라 오라고 손짓한다

들도 산도 그리고 바다도
마음껏 누리라 속삭이지만
어디까지가 안전지대인지는 알 수가 없다

멋모르고 무작정 따라가기에는
어두운 블랙홀이 언제 나타날지 몰라
조바심이 발목을 잡는다

호기심의 끝에 기다리는 것은
빛일까, 혹은 낭떠러지일까

다만 안다
지난날의 호기심과 지금의 호기심은
결코 같지 않다는 것을

거짓말 탐지기

평생을 경찰로 살아온 친구가
폭행 혐의에 휘말린 나에게 한마디 한다
"넌 너무 곧았어, 그게 쉽게 바뀔 리가 없지"

엘리베이터 안,
장난인 척 여성의 가슴 쪽으로 고개를 내미는
남자에게 자세를 바로 하라 충고했을 뿐인데
그의 눈빛은 칼날처럼 번뜩였다

결국 몸싸움으로 번졌고
경찰 조서 꾸미고 합의 안 되어 검찰로 송치,
번잡한 과정에 스트레스가 하루를 집어삼켰다

A4 용지 5장에 그동안의 사연을 제출했는데
담당 검사가 내 글에 긍정적 반응을 보였다

거짓말 탐지기 절차를 밟을 거 아니면
여기서 정리하라는 최후 통첩에
상대도 기죽은 상태로
합의의 종지부를 찍게 되었다

비상의 시간

누군가에게 맞아서인지 머리가 깨어져
피를 흘리고 있는 너
그 누군가의 눈에도 거슬렸는가 보다

측은한 마음에 불러들여
달래주고 보듬어 주려는데
엇나간 날개로 멀어져 간다

이제 험한 행동은 그만 두라고
주의를 주고 싶었는데
끝내 내 손길을 벗어나 버린다

너의 마음에 나의 마음을 올려
겹날개짓하며 다녔으면 좋으련만

언젠가 다시 돌아와
햇빛에 부서지는 초록의 숨결 속에서
한 쌍의 날개로 더 멀리, 더 높이
바람의 길이 되기를

파라솔 아래서

가위 바위 보, 자리다툼하는
파도와 모래의 경계는 고요하지만
깊은 상처를 품고 있다.

부드러운 모래알 속에서도
불쑥 스치는 뾰족함,
운명을 역행하려는 마음의 그림자다

모래사장 위로 빗방울 떨어지며
짙은 자국을 남기고,
나는 참이슬 들이켜
가슴 속 멍 하나 일으켜 세운다

입안 가득 퍼지는 맛
세상의 모든 고통과 번민
갈등과 증오의 오묘한 맛이 올라온다

바람에 묻다

못다 한 사랑으로 멍든 가슴을 안고
그리움을 뒤로한 채 바람에 몸을 맡긴다

감미로운 고독은 별이 되어 희미해져 가는데
어디선가 사랑의 세레나데는
은하수 타고 내려온다

내 마음 깊은 곳에 지핀 불꽃은
아직도 따스함이 남아 있는데
그 온기에 마음을 담아 저 멀리 띄워 보내니
아련하게 님의 향기가 젖어 든다

그리움은 파도처럼 밀려와
밤하늘에 수놓은 별빛이 된다
멀리 있어도 닿을 수 없는 마음은
바람을 타고 끝없이 흘러간다

영화처럼

너의 슬픔을 만져보고 너의 눈물을 입어 보았다
눈을 감아도 보이고
눈을 뜨면 마음속까지 느껴지는 건
너와 내가 따로 있지 않음을 보여 주는 걸까

밤새 뒤척이며 목말라했던 건
또 다른 내가 너의 모습으로 스며들어
바람 속에 흩날렸기 때문일 거야

따라가면서 잡고 싶었지만
행동이 마음을 앞지를 수 없었고
너의 작은 움직임에도 민감하게 반응했으며
너의 작은 숨소리에도 예사롭지 않았지

조각난 그리움을 뒤로 하고
아련한 기다림의 끈을 잡고
조금씩 걷다 보면 너와 나 하나로 이어질 거야

그 끝에서
너는 나의 이름을 조용히 불러줄 거야

터널을 빠져나오며

시간이 나를 버렸다
세월이 나를 내동댕이쳤다
손을 내밀어 보지만 냉정하게 뿌리친다
발목을 잡아 보지만 거침없이 발길질 해댄다

어디서부터 잘못 되었을까
어떻게 접근해야 할까
모든 것을 내려놓고 자신을 들여다본다

무심히 지나쳐 버린 시간 속에서
내가 흘려 보낸 세월의 무상함을 아쉬워한다

붙잡을 수 없는 그 무엇이었지만
붙잡아 보려고 허우적거리며
긴 터널을 빠져나와 허공을 넘나들며
아픈 가슴을 감싸 안는다

순간적으로 놓쳤던 작은 씨앗을 발견하고는
지나간 시간과 세월의 무상함이
다시 싹트는 모습을 그려본다

주연과 조연

왼손은 아기를 안고
오른손은 기저기 가방과 휴대폰을 들고
택시를 타야 할까 버스를 타야 할까
버스를 타면 어떤 반응들을 보일지 궁금해

맨 뒤 빈자리가 있었으나
맨 앞자리 기둥을 붙잡고 버티기 하는데
앞자리 사람은 가만 앉았고
뒷 승객들이 이리로 오라며 한마디씩 한다

계속 버티기 하니깐 한 노인이
본인 무릎 위에 있는 가방 위에
아기를 올려 놓든지 뒷자리로 가든지
당연한 말을 하는데
묘한 감정이 교차하면서 계속 그 자세를 유지한다

승객들의 관심 속에
비굴하고 한심스러운 장면은 계속되고
결국 주연도 없는 조연들은 같은 정류소에서
하차하며 막을 내린다

일출 1

하늘과 바다 마주잡은 그곳
하늘을 받쳐 들고 힘겨워 출렁이며
숨 가쁜 호흡을 토해 낸다

한 바퀴 돌아오기까지는
얼마나 많은 고통과 시련이 있었을까
어제 노을의 끝자락을 붙들고

어디서부터 시작되었을까
찬란함이 두둥실 황홀함은 파도를 타고
오늘에 스며든다

어떻게 설명하고 어떻게 표현해도
감히 근접할 수 없음에
터져 버릴 것 같은 가슴을 억누른다

주체할 수 없는 호기심과 욕망에 눈 떠 보니
이미 나의 존재는 붉디 붉은 태양 속으로
빨려 들어가고 있었다

아름다운 그대

마음을 먼저 보여 준 그대
어두움 속에서도 밝은 빛을 보여 주었고
차가움이 주변을 뒤덮어도
따스한 온기를 느끼게 해 주었지

척박한 가슴 임에도 꽃씨를 물어준 그대
부정하고 싶어서 몸부림도 쳐 봤지만
진심을 이길 수 없었고 따뜻한 마음을
뿌리칠 수 없었기에 꽃을 피워 본다

꽃 이름은 모르지만 은은한 향기가
옆에서 나를 감싸고 있음을
드러내지는 않지만
고마운 마음이 함께하고 있음을

그래서 풍요로운 마음속에
당신이 존재하고 있음에 감사하며
우아한 꽃 속으로 감미로운 꽃 속으로
내디뎌 본다

쇼핑백

딸아이 결혼 시킬 때
큰마음 먹고 롯데백화점에서
혼수품 장만을 했었는데
실적이 좋아
우수고객 MVG 등급에 오르게 되었다

라운지에서
매일 4인 기준의 다과를 즐길 수 있는
혜택이 주어졌고
주변의 부러움을 사기도 했다
등급이 올라가면
더 고급 라운지에서
더 고급스러운 접대를 받을 수 있다는데

테이크 아웃도 가능해서 케리어에 다과를 담고
쇼핑백으로 한번 더 포장해 주는
서비스를 받았다

웬지 백화점 쇼핑백 들고 다니면
근사해 보이고 우쭐해 보이던 시절이었다

3부

옥상층의 비화

층간 소음을 피해 꼭대기 층에 살았는데
비바람이 거칠게 쏟아지던 날
발자국 소리, 웃음 소리가 끊임 없이 들려와
섬찟한 마음으로 옥상에 올라가니
입구 현관에 남여 초등학생들이
생활용품을 들여놓고 살림을 차려 놓고 있었다

경비원을 부르니 경찰에 넘기겠다길래
일단은 만류하고
측은지심에 바깥 날씨도 험하니
하루밤만 자고 가라고 했다

아, 미처 그때까지는 몰랐다

다음날 아침
화장실도 없는데,
혹시나 하는 마음에 올라가 보니
그곳엔 나의 선의를 향한
가슴 아픈 장면 하나 조용히 남아 있었다

사과

쉬운 듯 하지만 결코 쉽지 않은
그래도 마음 먹기에 달려 있는데
그 마음이 자존심을 저울질하다 보면
한없이 어려워지는가 보다

불편함과 불이익이 눈앞에 있어도
지탄의 소리가 귓전을 맴돌아도
끝까지 버티면서 갈 때까지 가 보자는 아집은
어떻게 풀어야 할까

생의 끝자락이 저만치 보이고
몸속의 힘이 하나씩 빠져나갈 때면
많은 것을 내려놓게 되고
지난날에 대한 회한과 후회가 밀려오는데

좀 더 일찍 사과하고 화해했더라면
얼마나 좋았을까
자신에게도
주변에게도

화해의 손길

당신이 내게 준 상처는 이제 나아가고 있습니다
당신이 내게 준 아픔은
이제 회복되어 가고 있습니다

나에게 모질게 해 놓고
오히려 당신이 더 아파하던 모습을 보았습니다
말이라도 건네 보려고 서성이던
당신의 모습을 보았습니다
사과라도 해 보려고 머뭇거리며
눈의 초점을 흐렸던 당신을 기억합니다

우리라는 울타리 안에서는
모두 다 평등하고
모두 다 가족이라 생각합니다
당신이 못다 했던 행동의 마무리를
내가 먼저 하렵니다

내가 먼저 다가가서
내가 먼저 손을 내밀겠습니다
그렇게 당신의 담을 허물어 보렵니다

빛과 그림자

물안개 속으로 들어가 본다
하얀 구름과 만나는 순간 화들짝 놀라
뒤돌아보니 마음 닿는 그곳이
이미 나의 발길에 닿아
하모니가 되어 가슴을 노래한다

춤추는 맨발은 두려움도 없이 꺼리낌도 없이
마음 가는 대로 몸 가는 대로
무아지경 속에서 율동을 이어간다
연주의 마침표는 이미 찍었으나
계속되는 춤에 맞추어 아슬아슬하게
음악을 따라 붙인다

밝음에만 존재하는 것이 아니고
어둠 속에서도 분명 존재하고 있기에
무한 에너지의 실체를 찾아 다닌다

보이는 것의 끝은
보이지 않는 것의 시작일 수 있으니
그 시작의 끝은 찬란함 아닌가

거기까지만

희미해져 가는 기억들을
하나씩 되새겨 본다
안단테의 가락을 타고 흐르는
여울의 언저리에는
못다 한 사연들이 손짓하고
그 사연들이 모여서
별나라 이야기를 자아낸다

문밖에는 아무도 없지만 서성이는 그것은
맨탈의 트러블 때문인가

복잡한 실타래도 하나씩 풀어 나가면
언젠가는 풀릴 것이라는 진리를 되새기며
풀어 나가다 보니 너무 깊이 파고들어
끊어야만 해결되는 경우를 접하고는
그냥 두기로 했다

쓰라린 아픔을 품고 있을지 모르니까
그 아픔이 커져서 힘들게 할지도 모르니깐

전설의 모티브

처음으로 세상이 열렸을 때를 꿈꾸어 본다
쏟아지는 물줄기는 눈부신 안개를 동반하고
풀어헤친 머리처럼 기다란 풀잎들을 뒤로한 채
숨가쁜 행진을 이어간다

어디서부터 시작된 물의 향연일까?
작은 샘들이 모여 계곡을 만들고
계곡이 합쳐져 시내와 강을 이루듯
우리의 작은 마음들이
한방향으로 모아진다면
어떠한 어려움도 극복할 수 있으리라

꽃을 보는 것보다 피우는 마음으로
정해진 기준을 흐트리지 않고 따르는 마음으로
먼저 인사하고 먼저 손 내미는 마음으로
생각을 가다듬고 두손을 모아본다

작은 마음들이 모여 원대한 꿈을 이루어 내겠지

긍정의 점 선 면

점이 성장하여 선이 되고
선이 발전하여 평면과 도형을 이루듯
작은 씨앗으로 시작된 새싹이
큰 나무가 되어 열매와 그늘을 만들어 주고 있다

마음껏 누리며 꿈속을 헤메어 본다
그 꿈이 발효되어 현실과 가까워질 때
아름다운 꽃의 향기가 천지를 뒤덮으며
지상 낙원이 되리라

그 낙원이 멀리 있지 않고
마음속에서 움트고 있음에 감사하며
긍정의 향기 속으로 들어간다

내 안의 부정이 긍정의 언저리에서
나를 힘들게 하여도
뿌리치면서 뒤돌아보지 않고
힘차게 가리라

배려하는 마음

꼬꾸라져 흠집 난 이야기를 만져 본다

숱한 사연을 안고 있지만 잘난 이야기꾼에 막혀
태어나지도 못하고 숨죽이고 있다

뭐 그리 한 맺힌 말이 많은지
잡은 마이크를 놓지 않고 목청을 높이고 있는 걸까
노래방에서 혼자 여러 곡을 이어 부르며
독무대를 연출하고 있음을 연상케 한다

어눌한 입술에서도 마음을 적시며
감동을 자아내는 날갯짓이 있고
운명을 들었다 놓는 시금석이 존재하기에
겸손을 초대해 같이 나누어 본다

모나지 않게 지내기는 힘들겠지만
한번씩 다듬어 주고 둥글게 만들어 준다면
흠집 난 이야기 속에서도 우리를 밝혀 주는
울림이 있으리라

역방향

채우려고 애써도 채워지지 않고
비우려고 애써도 비워지지 않음을
깨닫기까지 많은 시간들이
세월을 타고 이동했음이라

모퉁이를 돌기까지는 항상
기대와 희망을 안고 가듯이
저 산 너머에서
나를 기다리고 있을 신세계를 꿈꾸며
은하수 마을에 몸을 맡긴다

왔던길을 다시 돌아가면
어떤 변화가 일어날까?
시행착오도 겪지 않고 어떤 후회도
남지 않을 만큼 만족스러운 유토피아를
마음껏 거닐 수 있을까?

타국

거부할 수 없는 유혹과 기대감은 끝간 데가 없고
처음으로 경험하는 문화는
훗날 이야깃거리로 삶의 활력소가 되리라

선상 파티에서 혼혈 여가수의 낭랑한 목소리와
유창한 영어가 분위기를 압도했고
부르는 만남 노래에 화음을 넣어 주니
적극적으로 대시해 오는 바람에
몸둘 바를 몰라 당황스러웠다

산호섬의 잠수함 투어
바닷속 생물들과 함께 호흡하는 착각 속에
나도 물빛의 일부가 되었다

호텔 수영장, 야자수 그늘 아래
간이 침대에 누워 하늘을 본다
하늘이 이렇게 맑고 청명해도 될까?
별은 또 왜 그리 많은지
별들의 우주쇼가 시야를 호강시킨다

그 밤, 눈이 아니라 마음이 반짝였다

내 집 마련

연탄 피우며 살던 시절
여러 세대가 한데 모여서 살던 시절
주인집 눈치를 보면서 살던 그런 시절이 있었다

애가 둘이면 세 얻기도 힘든 시절
큰소리 내지도 못하고
개구진 자식으로 죄인처럼 살던 시절

전기료 수도료 풀이할 때
주인의 셈법에 따라 묵묵히 인정했던 시절
계약 만료 기간이 다가오면
올리지나 않을까? 갱신거부하면 어쩌지?
가슴 졸이며 살던 시절

우리의 소원은 통일이 아니라
내 집 마련이라는 좌표를 찍고
이를 악물고 달려
궁색해진 자신을 삼켜 가며
눈물겨운 질주를 했었지

드디어 마련한 내 집은
나의 궁전, 나의 천국이었지

너를 위한 안식처

낯선 듯 낯익은 듯 희미하게 나타났다 사라지는
두근거림을 가슴에 안고 가까이 가 본다

몽롱한 기억을 더듬으며
인고의 시간 속에서도 긍정적인 마인드로
극복해 온 자신을 다독거린다

시련은 감내할 수 있는 만큼만 존재하기에
스스로의 유전자를 단련해 본다

과정은 힘들고 험난했음을
끝이 보이지 않는 미로 속을 헤매며
지쳐 버린 영혼을 달래어 보고
안식처를 마련해 주려 한다

부리고 싶었던 투정도 마다하고
온갖 풍파를 감내하며 묵묵히 옆자리를 지켜 온
너를 위해 진실을 담아 격려해 주련다

안개

선행을 하고도 밝히지 않고
유유히 사라지는 사람
누구인지 물어도 침묵의 미소와 함께
바람처럼 사라지는 사람

자신의 악행을 덮기 위해
안개를 이용하는 사람
알리바이를 확보해 놓고 교묘하게
빠져나가는 사람

가치관이 혼탁하고
정도가 흔들리는 이 시대에
어떻게 옥석을 가리고
구분하며 살 수 있을까

안개 속에서 헤맨다 할지라도
진실의 빛이 거짓의 어둠을 걷어내고
세상을 밝히리라 믿으며

포토존

수많은 사연의 꽃을 다 피우고
남은 초록마저 힘들어서
낙엽이 되어 버렸지만
앙상한 가지마다 다시 피어난 눈꽃은
새로 태어날 아기 꽃봉우리를 위해
하이얀 이불을 덮고 있다

머무르고 싶은 순간이 있고
오래도록 느끼고 간직하고 싶은 그곳에서
기념 사진을 남기려고 한다

나의 마음과 시선을 송두리째 앗아간
대자연의 서사시가 손바닥 위에서
춤추는 모습을 보려고 한다

못다 한 이야기

아물지 못한 상처 있어 가끔씩 도리질친다
쪽빛 바다 바람을 타고
갯바위를 후려치듯 가슴을 때린다

잔인한 파도는 지칠 줄 모르지만
그것을 다스리는 건 잔잔한 미풍인 것을

오래전,
고참들의 이유 같지 않은 이유의 집단 구타
숨쉬기조차 힘들 정도로
많은 주먹 세례를 받아야 했다

아련한 기억 속에서 희미해져 가는데
가끔씩 방송에서 집단 구타 장면이 나오면
다시 살아나 붉게 욱신거린다

입 다물고 지내온 세월,
이제 글로나마 상처의 흔적 조심스레 드러낸다

어디쯤, 나를 감싸 줄 미풍이 불고 있을까

별자리

나는 어떤 별에서 왔을까
어느 별자리를 품고 태어났을까

진취적이며 객관적인,
구속을 거부하고
자유로운 영혼을 추구하며
물결처럼 스쳐가는 감정의 그림자를 지닌
나는 물병자리의 조각이 아닐까

별빛에 기댄 밤,
달빛은 그리운 얼굴을 흔들어 놓고
가슴에 조용히 파문을 일으킨다

숨쉬기조차 조심스러운 적막 속
유성 하나 반짝이다 사라지듯
언젠가 나도 사라져
물병자리 빈틈으로 스러지리라

빛

함께할 수 없음에 울부짖고 있다
허공을 표적 삼아 몸부림쳐 봐도
공허한 마음을 채우지 못하는가

격랑의 파도 속에서도
가슴 시리게 그리워하던
잔잔한 물결을 꿈꾸고 있다

달무리의 고매한 감촉은 소나타를 자아내고
산들바람을 타고 가는 가슴의 한켠에는
응축된 그리움이 가득하다

내가 너가 될 수 없듯이,
너가 내가 될 수 없음을 안타까워하며
언젠가 먼 훗날
자리 바꿈이 이루어진다면
마음껏 소리 지르며 달려 오렴

어둠을 걷어 내고 나타난 너에게
새벽의 첫 숨결을 건네리

악기

바람을 타고 온 햇살이 가슴을 파고든다
설레이는 그리움은 파도 소리에 묻혀
저만치 멀어져 간다

하늘이 땅이 되고
땅이 하늘이 되는
마법에 걸려 혼미한 정신을
털어내 버린다

불투명한 결과를 안고 첫발을 내딛는 마음
어느새 무지개를 타고 간다

연주자의 손길에 따라 소리가 달라지고
호흡에 따라 느낌이 갈리고
기교에 따라 감동이 물결치는 것을
잊고 살아왔던가

이제는 명품이 아닌
울림으로 마음을 흔드는 연주자에게
한 걸음 더 다가가 본다

손금

어둠이 내려오며 지면에서 부서지고
달빛 아래서 흔들리는 나뭇가지는
그리움을 받쳐들고 있다

바람도 구름도 쉬어가는 그곳에는
숱한 사연들을 가슴에 안고
조금씩 흘러 보내고 있다

내려놓기가 쉽지 않음에도
한편으로는
비우는 길을 닦고 다니며
시행착오를 경험한다

꿈틀거리는 잡념을 뒤로 하고
까아만 하늘 속으로 달려간다
그래도 공허한 마음을 채울 수 없어
두 손을 모아 본다

그 손에 잠들어 있는 그림은
어떤 의미로 내게 다가올까?

원치 않았던 방문객

초대하지 않았는데도
기어들어와 자리를 차지하고
교묘히 눈치를 살피며 나타났다 사라지는 너

끈끈이로 유인해도
근처까지만 발자국이 나 있고
끈끈이 중앙에 먹이를 놓아도
교묘하게 피해 다닌다

이제 난이도를 높여 두뇌 플레이를 할 때다

가루약에 쥐가 좋아하다는 율무가루를 섞어
율무 봉지와 함께 널부러 놓았는데
이럴수가
남김없이 먹어치운 너.

청소를 하다 보니
여기저기 시체가 나뒹굴었고
길었던 전쟁이 비로소 끝났음을 알렸다

꿈과 현실

바람 한줌 날려 보내며
아스라이 멀어져 가는 기억을 잡아당긴다

존재감을 드러내며 달려가는 너의 발목을 붙잡고
기억을 얹어 숨 고르기를 한다

꿈과 현실의 경계선에서 수많은 갈등을 하며
뒤척이는 자신을 들었다 놓았다 달래어 본다

여기까지만 하고 쉬고 싶지만
불안한 현실 앞에서 자신을 채찍질하며
몸을 일으켜 다시 자세를 가다듬는다

한번씩 내쉬는 긴 한숨을 에너지화 시켜
진행형으로 발걸음을 내디딘다

한때는 지배 당하고 혼미한 상태로 내던져졌지만
까무러칠 것 같은 따스한 햇살이 손을 내밀며
감싸 안으니 꿈과 같은 현실이 느껴진다

거짓 웃음

진실을 가리고 위선과 입맞춤하는
너의 속마음을 만져 본다

지금은 날을 세우고 있지만
가끔씩 꺼내어 다듬다 보면 매끄러워지겠지
바람이 색깔을 드러내며 일렁이는 사이
또 다른 바람이 부드럽게 덮으며
다툼을 잠재우고 있다

소리는 바람을 따라다니며 간섭하고
별거 아닌 일에도 목청을 높이는 거 보면
뒤가 구리거나 뭔가를 과시하고 싶은가 보다

뒤돌아보면 부질 없는 것을

진실을 감추기 위한 과장된 웃음을 모아서
저 멀리 보내려 한다
다듬어져 돌아올 때는 투명하고 깨끗한 자태로
자리매김할 수 있으리

지푸라기

미련도 없으면서
그 끄트머리를 붙들고 있는 건
혹시나 하는 마음 때문이다
지푸라기라도 남겨 두고 싶은 마음을 뒤로 하고
돌아섰지만 개운치 않다

꽃망울이 열리고 꽃잎이 피기까지는
많은 사연과 시련이 함께 했음을
보아왔고 체험하면서
푸르름과 향기의 조화를 노래해 본다
그것의 처음은 씨앗,
자리를 잡으면서 뿌리로 발전했겠지

아무리 궁해도
손대지 말아야 할 것은 분명히 알고 있기에
내 작은 절개의 힘으로 버티면서
불편한 셈법을 받아들인다

혹시라도 그 지푸라기가 다시 나타난다면
깎고 다듬어서 제자리로 돌려보내리

루비혼식

달빛 어리는 창가에 기대어 별빛을 노래한다
달빛포차에서 흐르는 음악은
잔잔한 파도처럼 번져 마음을 적시고
밤의 심장을 은근히 두드린다

코오롱호텔의 패키지 여행
결혼 40주년을 맞이하여
가족과 함께하는 시간을 가졌다

경주타워의 통유리 너머로 펼쳐진 풍경
보문호와 경주월드를 한눈에 품고
자연사 박물관에서의 공룡 영상과 형상 뼈대는
외손자의 눈동자를 별처럼 반짝였다

추억 만들기의 시간과 체험
이 모든 순간은, 훗날
시간의 물결 속에 스며
오래오래 지워지지 않는
잔상으로 남으리

4부

폐차장

요람에서부터 같이 달려온 나날들
우리의 인연은 17년 전부터 시작되었지
스타일도 몸매도 의상도 나무랄 데 없이
나를 매료 시키기에 충분했었어

내가 힘들고 외로울 때 친구가 되어 주고
격려해 주며 편안함까지 제공해 주었어
언젠가 덤프트럭이 나에게 돌진해 왔을 때
너의 몸으로 나를 감싸준 기억이
아직도 생생하게 남아 있단다

함께했던 희노애락이 너에게는
커다란 무게가 되었던지
많이 아프고 치료해야 할 부분이 많아
이제는 보내 주려고 한다
편하게 잠들 수 있는 곳으로

어머니의 택배

바로 찧은 쌀로 밥해 먹으면 찰지고 맛있단다
한 자루 보낼 테니 잘 해 먹거라

어머니로부터 전화 온 이틀 뒤
쌀 한 자루가 도착했다
하필 딸아이가 병원에 입원해 있던 터라
밥해 먹을 일도 거의 없고 남은 쌀도 많이 있어
어려운 지인에게 보내게 되었다

그날 따라 아무도 없어
그냥 마루에 올려놓고 왔는데
어머니 한테서 전화가 왔다
"왜 낯선 집에 쌀이 가 있는 거니?"

아차, 내가 전화 한다는 것을 깜박했네
지인이 택배가 잘못 온 줄 알고
주소록의 번호로 전화를 건 모양이다

이런저런 속사정 얘기하다
딸아이 입원 소식만 전하고 말았다
어머니의 택배에서 밀어들이 줄줄 새고 있었다

금연

담배 열두 갑, 라이타 다섯 개
그중 제일 좋은 라이타로 남은 담배를 태우며
최면을 걸었지
실컷 태우고 끝내리라

마지막 한 갑 남았을 때 모임에 가서
남은 담배와 라이타를 내놓았더니
누가 슬쩍 가져가더군
알면서도 모른 척 했어

한 친구가 내 얼굴에
연신 연기를 뿜어댔어
순간 군생활 때의 힘들었던 순간들이 떠올랐어
까짓것 참자 참어

요즘도 가끔 꿈에서 담배를 피워
깜짝 놀라 깨어나지
손가락 사이로 새벽 찬바람이 지나고 있어

아가

언어의 표현이 미치지 못하는
움트는 새싹처럼
쿵쿵거리는 심장 소리에
나는 지금 꽃을 피우고 있습니다

내 주머니 속에는 깜박깜박
열렸다 닫혔다 하는 눈동자가 살고
옹알옹알거리는 입술과
놓지 않으려 꼭 움켜쥐던
조막손이 자라고 있습니다

매일매일 눈도장을 찍듯
꺼내고 넣는 동안 웃음꽃이 피고 있습니다

아내에게

그대의 숨겨진 향기
내 안에 숨어 들어와
심장을 흔듭니다
혹시라도 누군가 눈치챌까
나는 그 향기를 가려 봅니다

함께하는 시간 속에서
내 모습이 바뀌었고
함께하는 동행 속에서
나의 세상이 바뀌었습니다

황무지 같은 나의 모습은
푸른 초원으로 바뀌었고
메말라 버린 나의 감정에
새소리 물소리가 들립니다

하늘이 주신 최고의 선물
그 향기 그 동행이 끝까지 이어지기를
소원해 봅니다

편지

디지털 시대에도 아날로그가 필요한 법
부모님한테도 나름대로의 세계가 있고
인간관계가 있을진데
많이 배우고 새로운 정보를 잘 안다고
깊숙이 관여하고 간섭하는 건 도리가 아니라는
내 말에 토라진 친구가 있다

자기 아들을 훈계하는 걸로
잘못 받아들였는지
아무리 설명하고 설득해도 통하지 않아
결국, 글로 내 마음을 전했다

진심을 담아 보낸 편지에
얼마 지나지 않아 걸려온 전화
취기가 가시지 않은 목소리로
역설적인 표현을 하는데,
과잉 반응했다는 사과의 뜻이 담겨 있었다

한 통의 편지가
우리의 오래된 신뢰를 꺼내
다시 관계를 이어주었다

가족 여행

시간이 멈춘 듯 적막이 깔린 바다
저 멀리 거대한 그림자가 다가온다

바다의 문처럼 열리는 커다란 입
모든 것을 삼켜버릴 듯한 고래상어

줄무늬의 푸른 거인
가까이, 더 가까이
공포와 경이의 경계에서
내가 믿을 수 있는 건 안내 도우미의 손짓뿐

가족과 함께한 고래상어 투어
낯선 세계가 눈앞에 펼쳐지고
스릴과 두려움이 한꺼번에 밀려온다

야생의 생명이지만
인간에 길들여진 이상 이미 공격자는 아니다

마음의 광장에
푸른 기억 하나 고요히 떠다닌다

종합검진

타고난 구강의 구조와 어린 시절의 습관 탓에
나의 속도는 늘 더디다
남들이 결승점에 닿을 때
나는 아직 중간 지점에 서 있다

억지로 속도를 맞추다 보니
위장은 곧잘 탈이 났다
식사 후 속이 받치는 느낌과 더부룩함
소화제를 달고 다녔고
밀가루 음식은 속이 아려 입에 대지도 못했다

'위암'이라는 단어가 뇌리를 지배했고
암보험으로 일차 무장을 하고
종합검진의 원통 속으로 들어갔다

그제야 내 존재를 되짚어 보았고
속도에 연연하지 않고 뒷서 가면서
따라오는 누군가를 기다려 본다

일출 2

강구항 옆, 작은 어촌마을
숙취가 채 풀리지 않은 상태에서
문을 여는 순간
찬란한 햇살이
내 가슴을 파고 들었다

첫 울음 소리로 세상을 흔들며 나타난
티 없이 맑은 네 얼굴은
투명한 가을 하늘을 닮아 있었다

구름 한 점 없는 하늘
수평선 끝에서 떠오르는 신비
나는 온몸으로 만끽했다

내 안에 있는 거짓과 위선을 불태우며
아침마다 다시 태어나듯
새로운 다짐을 품는다

몽중夢中

꿈속을 헤매다 깨어 보니
아직 정신이 몽롱하다
분명 꿈 속에서 좋았던 것 같아
다시 이어 보려 눈을 감고
꿈길을 찾아 헤집고 다닌다

아련한 기억 속으로 다가가면
저만치 물러서며
조롱하듯 멀어져 간다

언제 본 적이 있었을까
어디서 스친 얼굴이었을까
나는 황홀한 꿈결 속으로 몸을 던진다

여명의 빛에 취해 걸음을 멈추면
멀리서 들려오는
아직 깨지 않은 꿈의 숨결

천사들의 합창

노랫소리, 아니 합창소리인가
그 소리에 이끌려 따라가 본다

해맑은 얼굴들,
영롱한 눈망울,
앵두 같은 입술의 움직임이
소리의 주인공이다

가사를 잊어
입술만 달싹거리는 아이도 있고,
율동을 맞추지 못해
균형을 깨트리는 녀석도 있지만

그러나 그 모든 모습이
잠에서 막 깨어난 새벽 공기처럼 맑았다

위선도, 가식도 없는 목소리
투명한 이슬이 스며들 듯
아이들의 맑은 합창이 내려앉는다

사계 四季

돋아나는 초록은 눈부시다
혹한과 풍파를 견뎌낸 새싹은
의연히 고개 들어
봄의 전령으로 세상을 연다

모든 것을 태워버릴 듯
폭염은 정신을 흔들고
파도처럼 몰아치며
여름은 기세등등하게 선다

보고 있어도 더 머물고 싶고
멀어질까 두려운 마음에
고백조차 못한 채
가을은 단풍을 선물처럼 놓아두고 간다

세상의 모든 아픔과 어두움을
하얗게 덮으며
거짓과 위선도 함께 덮어버리고
겨울은 동심의 눈 축제로
우리 안에 스며든다

해맑은 생명

새 생명의 신비로움이
가슴을 파고들 때
나도 이미 새 생명이 되어 있었다

엄마 뱃속에서
부지런히 발길질 해대던 네가
어둠을 가르고 세상에 나왔을 때
눈부신 감동이 모두의 눈가를 적셨다

유난히 깊은 네 보조개
그 안에 작은 우주가 숨어 있는 듯
웃을 때마다 별빛이 흘러내린다

네 해맑은 웃음이
내 마음을 건드릴 때마다
나의 하루도 맑게 빛난다

겸손의 몸짓

그때 그 시절이 좋았는데
그때 그 순간이 행복했는데

다시는
돌아오지 않을 것 같은 불안함에
마음을 추스려 봅니다

자만하게 살았음을 고백합니다
타인에게 부정적이었음을 고백합니다

정직하지 못했음을
정의롭지 못했음을

반성이 되풀이 되지 않게
다시 한번 마음을 추스려 봅니다

좋았던 시절을 뒤로 하고
자신을 내려 놓고
변신을 위한 겸손의 몸짓을 하렵니다

지나간 날들

가야 할 날들이 있기에
지나간 날들을 버려야 했다

보듬고 함께 갈 수는 없었을까
생각은 점점 까칠해지고
뇌리는 어지럽다

어디까지 거슬러 올라갈지 몰라
생각에 마음을 담아 다독거린다

자아에 내공이 쌓여 있음에 감사하며
다음 문을 향해 걸음을 옮기는데
어디선가 구성진 소리가 발길을 멈추게 한다

뿌리치고 가기엔 정이 없고
긴 한숨의 여유도 찾고 싶어
잠시 상념에 잠겨 본다

좌클릭이 대부분이지만 가끔은
우클릭도 필요하듯이
한번쯤 일탈 속에서 자신을 되돌아 본다

마른 가지의 노래

오랜 시간 숨죽이며 미동조차 거부하기에
조심스레 말을 건네기도 어려웠지

아직 푸른 옷을 입고도 힘없이 늘어진 자태
그 곁에 서는 이들마다
걱정과 안타까움으로 마음이 무너져 내렸지

싱싱한 친구가 옆에 있으면
행여 힘을 얻을까봐 곁에 두어도 보았고
수분을 채워 주었지만
여전히 삶을 포기한 듯 너는 고개를 떨구었어

그러나 나는 포기하지 않아
한 줌의 햇빛과 바람 영양분으로
너의 목마름을 적셔주며
따스한 마음으로 너를 품는다

마른 가지 끝에서
새싹을 틔우는 희망을 꿈꾸며

간절한 그리움

아차 하는 순간 날아간 그리움이
봄바람에 실려 내려오길래
두손 들어 반긴다

무슨 이유로 놓쳤을까
놓쳐 버린 게 그리움 밖에 없었을까

밤을 지새며 몸부림 쳤던 간절함의 끝자락은
어디서 찾아야 할까

처음 먹었던 마음이
끝까지 이어지긴 쉽지 않겠지만
나도 모르게 느슨해진 틈 사이로
소중함은 새어 나갔으리라

차가움이 멀어져 가면서 솔 향기 가득한
능선을 따라 시선이 머무는 곳에
새로움이 햇살처럼 번져 온다

못다 한 이야기

마음 깊은 곳에서 차마 끄집어 내지 못한
말들을 가만히 만져본다

펜 속에서는 못다 핀 언어들이 대기하면서
서로 먼저 나가려고 아우성이다

하고 싶어도 할 수 없는 말들이 있고
쓰고 싶어도 쓸 수 없는 글들이 있음에
자신을 다독이며 제어하는 힘을 길러 본다

책으로 쓰면 열 권도 넘을 것이라며
파란만장한 삶을 말한다
도서관을 채울 만큼 수많은 사람을 만나고
무수한 경우를 겪어 왔다고 덧붙인다

숱한 희로애락과 인내, 상처를
고요히 잠재우며
깊어진 내면을 두드려 본다

함께해 봄

싱그러움을 가득 담은 초록의 향연
지나가던 바람이 사뿐히 내려 앉으며
간섭하기 시작한다

이력서를 제출하라는 말에 화들짝 놀라며
줄행랑치길래 손을 뻗어 끝자락을 잡아당긴다

너와 나의 경계를 허물고
시대의 흐름에 따르다 보면
교집합을 만들게 되고
부분 집합은 깎여 나가게 되겠지

푸르름의 링거가 나의 몸을 적시며 파고들 즈음
너를 꼬옥 껴안고 날개짓하리라

칼바람과 돌풍은 잠재우고 순풍에 몸을 실어
노를 저어 가다 보면
싱그러운 기운이 우리를 감싸 안으리

어떤 그리움

기다림에 미끄러져 버린 그리움이
구부러진 길에서 휘청거리고 있다

시련의 끝에서 또 다른 시련을 만나 보니
가쁜 숨결 사이로 희망이 미소 지으며 손짓한다

수평선을 뿌리치고 달려온 파도는
햇빛과 입맞추며 윤슬을 이루고 있다

희망의 돛을 세우고 기쁨의 노를 저어 가며
흥얼거리는 콧노래에 장단을 맞추어 본다

감미로운 바람이 머리 속으로 들어와
기쁨의 메세지를 뿌리고 다니며
나타났다 사라지기를 반복한다

이 정도 분위기면 기다리는 것도 괜찮으리
그리움을 가슴에 품고 사는 것도 나쁘지 않으리

소중한 인연

소리 없이 감기는 어둠을 비집고
한 움큼 바람이 일렁인다

실종된 인연을 찾아 헤매인지 언제던가
무심코 스쳐간 흔적을 잡아당기며
못다 했던 사연들을 메세지로 전해 준다

가까이 있을 때 방심했던 자신을 나무라며
그때로 돌아갈 수는 없을 지라도
메세지 속에 담긴 진실의 한 조각은 보여 주리라

마음의 표현과 언어의 표현
그리고 행동의 표현이
함께하기가 쉽지는 않겠지만
자신을 연마하며 담금질해 본다

황폐해진 강에서도 그물을 던지는 마음으로
자그마한 결과에도 감사하는 마음을 담아 본다

저기에 또 다른 내가

나를 바라보고 있는 너
조금은 낯설지만 여전히 밝은 모습

어두운 기억 속에 쓰라린 상처 안고 있지만
환한 미소 뒤에 감추고
어제나 긍정의 빛을 보여 주었던 너

잿빛 하늘과 암울한 현실의 모래폭풍 속에서도
눈물을 아끼며 앞을 향해 달려 왔었지

주변의 따가운 시선 속에서도
모함으로 인한 불편함 속에서도
제 자리를 지키며 묵묵히 해명을 자제했던 너

부정과 위선이 기세를 부릴지라도
반듯함 앞에서는 무너질 수 밖에 없음을
그래서 꿋꿋하게 달려가는 나의 길을 밝혀 주는
또 다른 내가 거기에 있음을

순간의 소중함

오선지를 타고 흐르는 세레나데에 기대어 본다

향긋한 꽃 내음이 스치는가 했더니
지나가는 바람결이 나를 건드리며 유혹한다

잔잔한 마음에서 파문이 일어나며
잠자고 있던 아쉬움이 고개를 든다

거기까지만 하고 끝낼 걸
왜 한 걸음 더 내디뎠을까 하는 후회스러움은
다음에 떠오를 시행착오를 잠재우게 하겠지

무엇인지 깨달았을 땐 그것의 대부분이
지나갈 수 있음에 순간의 소중함을 되새겨 본다

펄펄 끓는 물도
한 김 보내고 나면
뜨거움은 사라지고 따뜻함으로 맞아 주듯이

바라보는 서로의 모습

바라보는 눈 속에
서로의 모습이 비친다

무심히 흘러간 세월을 건너며
때로는 혼자, 때로는 함께
만들어 온 시간을 매만져 본다

은은한 향기로 청초하던 너의 자태
해거름에 가까워지며
흐릿해져 가는 모습을 안타까워하며
젊은 날의 추억을 불러온다

시간을 멈추게 하고 싶었던
그 순간을 영원히 머무르게 하고 싶었던
간절함을 다시 꺼내어 비춰 본다

지금 이 모습, 지금 이 순간
함께 호흡함에 감사하며 맞잡은 손에 힘을 더한다
내일을 향한 발걸음에 소중함을 담아 본다

해설

바른 생활 프로젝트, 공공의 적들
– 최지호의 시세계

정 익 진
시인

 최지호의 시들은 우리 사회의 귀중한 덕목인 바른 생활을 강조한다. 바른 생활! 오랜만에 들어보는 말이다. 초등학교 시절, 교과 과목 중 바른 생활이 있었다는 것을 희미하게 기억한다. 지금도 이 과목이 있는지 모르겠지만 이 과목이 처음 생겨났을 당시는 국어와 도덕, 사회를 아우르는 과목으로 기억한다. 바른 생활은 공적인 의미를 지닌다. 나 자신, 나 개인의 생활이라기보다는 단체 생활(공동체)에 더욱 어울리는 말이다. 공적으로 지켜야 할 규칙들, 그중에서 법적으로는 지키지 않아도 허용되는 공중도덕을 비롯하여 우리 사회에서 통용되는 기본적인 예절, 사람이 지켜야 할 기본적인 도리 등등이다. 최지호 시의 시적 화자는 사회의 일원이며 직업전선에서 뛰며 도시의 삶을 성실히 살아가는 직장인이다. 삭막한 도시의 그림자 속에서 그나마 우리가 지켜야 할 도리, 인간적인 배려를 주제로 한 시편들이 시집 전체를 아우른다.

 인간적인 도리를 벗어났을 때 우리는 염치가 없다는 표현을 한다. 현대인들이 잃어가는 덕목 중 하나가 염치廉恥이다. 염치는 체면을 차릴 줄 알고 부끄러움을 아는 마음이다. 실제로 예의나 도리에 어긋나는 행동을 하거나 부끄러운 줄 모르고 행동하는 사례를 우리는 매일매일의 일상생활에서 목도한다. 길거리에서, 버스에서, 지하철에서, 심지어는 직장인들의 활동 무대인 사무실에서도 우리의 눈살을 찌푸리는 일이 벌어진다. 최지호의 시들은 이러한 사례들을 경험하며 자신만의 간단한 소회를 담고 있다. 그렇다고 거창하게 훈시하거나 이러쿵저러쿵 잔말들은 늘어놓는 것이 아니라 깔끔한 어투와 상쾌한 마무리로 자신의 심경을 나타낸다.

 가끔은 우울하거나 절망감을 엿볼 수 있는 시편들도 보이지만 시인 특유의 긍정적인 치유력으로 이를 잘

극복한다. 실패를 실패로만 보지 않고 오히려 실패하며 도전할 힘을 얻는다. 진실에서 도망치지 않으며, 자신의 실수를 겸허하게 받아들인다. 타인의 가치를 편견 없이 수용할 수 있는 마음과 자신의 규격을 잘 알고 현명하게 처신하는 그런 스타일이다.

1. 긍정과의 연대

쉼표가 보이지 않는 휴식 속에서
눈을 감고 있지만 정신은 또렷한,
아픔의 조각들이 가슴을 파고든다
흩어져 버린 소중했던 인연들을 모아
다시 조합해 본다

풍파에 시달리면서도 바위 틈새로
뿌리내리며 초록을 뽐내고 있는
너의 자태는 희망의 화음이 되고 있다

생의 언저리에서 소리 없이 묻혀 가는
너의 모습을 떠올리며
따스한 온기로 감싸 안는다

물이 바다를 다스리듯
바람이 태풍을 지배하고 있음을
가끔씩 잊고 사는 건 아닐까

너는 분명 긍정의 활력소,
너는 분명 해피 바이러스,
나의 비타민

- 「비타민」 전문

인용시의 화자는 어떤 딜레마에 빠져있다. '아픔의 조각들'이 가슴을 파고들지만, 곧 "바위 틈새로/ 뿌리 내리며 초록을 뽐내고 있는" 긍정의 기운을 분출한다. 시의 화자는 자연 속에서 어려움을 극복할 수 있는 자양분을 얻는다. 이것이 시인이 말하는 비타민이다. 비타민은 우리의 건강을 지키기 위해서 필수적으로 갖추어야 할 영양소 중의 하나이다. 체내에서 합성되지 못하거나 충분히 생성되지 않는다. 때문에 야채나 과일과 영양제를 통해 섭취한다.

vitamin이라는 단어는 라틴어로 생명을 의미하는 vita와 amine의 합성어이다. 비타민이 육체에 도움을 주는 영양소라면 우리의 정신에 주는 비타민은 바로 자연이다. 위의 시에서 그것을 증명한다. 야생화나 풀 등등, 식물의 종류를 예로 들 수 있다. 식물들은 가냘프게 보이지만 강인한 생명력을 지녔으므로 화자에게는 특별하게 보인다. 삶의 본질은 올바른 삶의 태도를 유지하며 내 두 손에 쥐어진 일에 최선을 다함이다. 최선을 다했어도 결과가 좋지 않을 경우가 생길지라도 고개를 숙이며 그 자리에 주저앉을 수 없다는 시적 화자의 태도는 분명 긍정적이다. 긍정적인 사고는 어려움에 직면해 있을 때 더욱 그 빛을 발한다.

 책갈피에 묻어 둔 어제를 꺼내 본다

　　책갈피에 묻어 둔 어제를 꺼내 본다

　　누군가에게 린치를 당했을까
　　여러 군데 멍들어 있어
　　말 건네기가 조심스럽다

　　한동안 침묵이 흐른다
　　긴 한숨이 바람에 날리며 곁눈질하길래
　　한걸음 다가가 너의 상처를 안아본다

　　여론 몰이에 힘들어
　　비명조차 삼켜가며 견뎌야 했던 아픔
　　가슴속 깊이 전해오는 흐느낌에
　　더 이상 참지 못하고 울음을 터트린다

　　지금은 넘어져 짓밟히고 있지만
　　세상의 끝이 오기 전에

진실은 드러나고 밝혀지리라 믿으며
어제를 다시 접는다

– 「구겨진 아픔」 전문

고통의 원인을 구체적으로 언술하지는 않았지만 화자의 입장이 어려움에 처해 있음을 금방 알 수 있다. "누군가에게 린치를 당했을까/ 여러 군데 멍들어 있어 말 건네기가 조심스러워" 즉, 이러한 문장에서는 '린치'란 단어가 유독 눈에 띈다. 린치는 일반적으로 법적 절차 없이 개인에게 폭력을 가하는 행위이다. 특정 개인이나 집단에 대한 사회적 배척과 연결된다. 희생자는 종종 소외된 계층이었다. 미국독립전쟁 당시 반혁명 가담자를 즉결처분으로 처형했던 판사 찰스 린치(Charles Lynch)에서 유래되어 영어 단어 "lynch"가 되었다.

그 유래가 어떠하던 끔찍한 고문을 연상할 만큼 이 단어는 상당히 폭력적이다. 결국 "가슴속 깊이 전해오는 흐느낌에/ 더 이상 참지 못하고 울음을 터트려야 했다"고 말하기에 이른다. 화자의 아픔과 고통은 쉽게 끝나지 않는다. 억울함까지 더해져 그 고통의 크기가 배가 되었다. 인간의 세계는 굳이 신의 세계와 비유하지 않더라도 그 자체로서 상당히 위태롭다. 신의 세계에 고통이 있을까. 인간세계에서는 고통과 고난을 삶의 본질이라 여긴다.

 위의 시는 자신의 고통보다는 타인(타자)의 고통을 더욱 고통스러워하는 시적 화자의 모습을 보여준다. 인용시에 나타난 고통받는 타자의 모습은 고통을 주는 자의 지배와 배제의 원리에 의해 희생을 강요받는 처지에 놓여 있다. 심지어는 폭력의 흔적까지 포착된다.("여러 군데 멍이 들어 있어") 이런 폭력에서 벗어나기 위해서는 타자의 고통을 책임지는 주체가 필요하다. 연대하며 공존하는 '주체'를 말한다. 인용시에 따르면 이 '주체'가 바로 시적 화자이다. 화자의 모습은 타자의 고통에 민감하며 심리적으로 그 고통에 공감한다. 긍정의 연대 의식을 가지고 고통을 함께 공유하고, 함께 극복하고 서로 위로하는 인간적 모습을 여실히 보여준다.

 긍정의 연대 의식을 가진 사람은 타자의 행복에도 민감하다. 설령 내가 약간은 손해를 보더라도, 약간은 고통스러워도 타인의 행복에 더욱 비중을 두는 이의 전형을 보여준다.

2. 해피 바이러스

맡겨 두었던 시간을 찾으러 갔다
수수료를 제하고 일부만 건네받았다

빠듯한 시간에 일정관리 하기도 바쁜데
잡념은 끊임없이 방해를 한다
항의를 하니 오히려 충고를 하는데
좋은 생각만 지니고 따라오라고 한다

긴가민가 하면서 일단은 동행하며
여러 경험을 해 보는데
단단한 바탕 위에서
지금껏 알지 못했던 긍정의 빛이
온몸을 감싸온다

무심히 흘려 보낸 순간들을 모아 꿰매어 보니
제법 쓸 만한 조각들이 되어
아쉬울 때마다 힘이 되고 벗이 되어 준다

해피 바이러스를 타고
추억의 강을 따라 흐르는 여행 속에서
나는 너의 존재를 더듬어 찾는다

- 「시간 여행」 전문

'긍정의 힘'과 '해피 바이러스' 이 두 가지를 다 겸비

한 시적 화자의 활약상을 보여준다. 인용시에 나타나는 타자는 사람이 아니라 시간인 점이 이 시의 주요한 관점이다. 맡겨 두었던 시간을 찾으러 간다는 시적 발상에서 시작한다. 직장인들에게 시간은 돈이다. 일을 해야 하는데 잡념이 침범해 일이 손에 잡히질 않는다. 그러나 시적 화자가 누구인가. 긍정적 사고방식의 달인이다. 어떻게 했는지 알 순 없지만 '지금까지 없었던 긍정에너지'가 솟아난다. 위기랄 것도 없지만 순식간에 위기를 벗어난다. 도대체 이런 긍정의 파문들이 어디에서 샘솟는지 놀라울 따름이다. 긍정의 힘이 온 마음에 가득한데 굳이 해피 바이러스를 의도적으로 복용할 필요가 있을까. '해피 바이러스'는 말 그대로 균처럼 전염되는 행복감이다. 주변 사람들을 즐겁게 하고 긍정적 아우라에 휩싸인 사람을 비유적으로 한 말인데 시적 화자가 바로 해피 바이러스의 전형임을 증명한다.

'생각만 해도' 머리가 맑아지고 행복한 마음이 가득 채워지는 존재가 누구일까. 좋든 싫든 가족을 제외하고는 인생에서 가장 중요한 사람은 바로 진정한 우정을 나눌 수 있는 친구이다. 인생에서 친구를 빼면 무엇이 남을까.

생각만 해도 맑아지고
떠올리면 웃음이 번지던
너는 세상을 밝히던 이유였다

화려한 말 대신 옥빛 몸짓으로 다가와
메마른 영혼에 숨결을 불어넣던 그 마음

벗이여
같은 하늘 아래 살고 있겠지만
어떻게 지냈는지 어떻게 변했는지
그리움이 자꾸 번져간다

연락 끊긴 지 오래
찾을 길이 막연하여
달빛에 젖어 사무치는 마음
스스로를 흔들어 꾸짖는다

언제일지 모르나
빈 가슴을 채울 향기가 온다면
이젠 놓치지 않고 끝까지 품으리라

- 「향기의 추억」 전문

  남과 여를 불문하고 사람의 인생에서 가장 중요한 존재가 친구임을 부인할 사람은 없다. '벗이여'하고 불러만 보아도 웃음이 피어오르고 가슴이 설레어 우리의 삶을 풍성하게 하는 존재가 친구이다. 친구 자체가 바로 '해피 바이러스'다. 당연히 인간은 사회적인 존재다. 타인과의 공감을 통해 유대감이 형성될 때 즐거움과 행복감도 상승한다. 반대로 고립되고 소외되면 사람은 우울해진다. 인간관계의 밀도에 따라 다르겠지만 타자와의 유대감을 위하여 사교적으로 행동하는 편이 좋다는 믿음 때문에, 때때로 각자가 혼자가 되는 시간, 의도적인 고립이 중요하다는 사실을 흔히 간과한다는 여론도 만만치가 않다.

 진정한 친구란 단순히 오랫동안 알고 지내거나 연령대가 비슷하다는 이유만으로 형성되는 관계가 아니다. 함께 걷고 달리고, 이야기를 나누고, 서로의 등 뒤를 떠밀어주는 존재이다. 그리하여 심리적 안정을 꾀하고 거짓 없는 마음을 주고받을 수 있을 때라야 비로소 우정이 이루어진다. 과연 어려울 때 진심으로 힘이 되어주고 함께 기쁨과 슬픔을 나누는 일이 우산을 던져버리듯이 쉬운 일일까. 이는 형제끼리도 쉬운 일이 아님을 우리 주변에서도 찾을 수 있다.
 분위기로 보아 위의 시에 나타난 화자의 친구들은 진정한 친구들일 것이다. 좋은 친구는 어둠 속에서 피어오르는 향기와 같다.

도시라는 무대 위에서는 여러 가지 일들이 일어난다. 좋은 일도 일어나고 나쁘다기보다는 한숨이 저절로 터져 나오는 한심한 일도 벌어진다. 긍정적인 생각으로 가득 찬 사람일지라도 타인의 행위가 만족스럽지 못한 경우가 심심찮게 벌어진다. 한마디로 바른 생활이 전혀 되어 있지 않은 사람들, 이들과 같은 시민인 것이 부끄러울 따름이다.

3. 바른 생활 프로젝트 1

왼손은 아기를 안고
오른손은 기저기 가방과 휴대폰을 들고
택시를 타야 할까 버스를 타야 할까
버스를 타면 어떤 반응들을 보일지 궁금해

맨 뒤 빈자리가 있었으나
맨 앞자리 기둥을 붙잡고 버티기 하는데
앞자리 사람은 가만 앉았고
뒷 승객들이 이리로 오라며 한마디씩 한다

계속 버티기 하니깐 한 노인이
본인 무릎 위에 있는 가방 위에
아기를 올려 놓든지 뒷자리로 가든지
당연한 말을 하는데

묘한 감정이 교차하면서 계속 그 자세를
유지한다

승객들의 관심 속에
비굴하고 한심스러운 장면은 계속되고
결국 주연도 없는 조연들은 같은 정류소에서
하차하며 막을 내린다

- 「주연과 조연」 전문

  인용시의 내용에서처럼 이 같은 일들은 도시의 일상에서 수시로 일어난다. 지하철이나 버스를 타면 누구나 볼 수 있는 경구가 있다. "임산부 배려석 혹은 배 속에 아기가 있어요"라고 쓰여 있다. 배려석이 필요한 이유는 서 있는 것 자체가 척추와 골반에 무리를 주어 태아의 유산 위험성이 발생할 수 있기 때문이다.

  그러나 이유를 막론하고 이런 문제는 우리가 기본적으로 가져야 할 배려와 양보심에 달려 있다. 위와 같은 상황이 벌어진다는 그 자체가 낯 뜨거운 일이다. 양보 불감증자, 윤리의식 실종자, 기본적인 예의조차 없는 부류, 이렇게라도 불러야 하지 않을까. 자리를 양보해야 하나, 말아야 하나? 다음과 같은 견해를 떠올릴 수도 있겠다.

"임산부석이나 노약자석이면 애초에 거기는 그분들을 위한 자리니까 비켜주는 게 맞다. 하지만 일반석에서는 내 컨디션과 내가 얼마나 버스를 타고 가느냐에 따라서 양보할 때도 있고 그냥 갈 때도 있다. 진짜 자리가 없고 노약자이면 비켜드린다. 그런데 보기에 노약자도 아닌데 눈치 주거나 하면 양보하지 않는다."

아주 사소한 일이기는 하나 시적 화자가 위와 같은 문제를 거론함으로써 올바른 사회를 위한 작은 밑거름이 될 수 있으리라 생각한다.

'세상에 이런 일이'란 티브이 프로그램이 있다고 들었지만, 실제로 우리 주변에 '세상에 이런 일'에 해당하는 일들은 많이 벌어지고 있다.

> 층간 소음을 피해 꼭대기 층에 살았는데
> 비바람이 거칠게 쏟아지던 날
> 발자국 소리, 웃음 소리가 끊임 없이 들려와
> 섬찟한 마음으로 옥상에 올라가니
> 입구 현관에 남여 초등학생들이
> 생활용품을 들여놓고 살림을 차려 놓고 있었다

경비원을 부르니 경찰에 넘기겠다길래
일단은 만류하고
측은지심에 바깥 날씨도 험하니
하루밤만 자고 가라고 했다

아, 미처 그때까지는 몰랐다

다음날 아침
화장실도 없는데,
혹시나 하는 마음에 올라가 보니
그곳엔 나의 선의를 향한
가슴 아픈 장면 하나 조용히 남아 있었다

– 「옥상층의 비화」 전문

 초등학생들이 아파트 옥상에 살림을 차렸다 한다. 미성년자라 어떻게 될지 모르겠지만 엄격히 따지면 무단침입에 해당한다. 그리고 이들은 가출 중이다. 어떻게 이런 황당한 상황에 이르렀을까. 일은 벌어졌고 위의 시 내용대로 화자는 이들에게 선의를 베풀었다. 결과적으로 곤란한 일이 벌어졌고 시의 내용이 암시하듯이 무슨 일이 일어났는지 짐작할 수 있겠다.
 초등학생의 가출은 남의 일이 아니며 이미 심각한 사회 문제로 부상 중이다. 아울러 가출의 연령대가 점

차 낮아지고 있으며 가정 내 갈등, 학대, 방임 등이 주요 원인으로 작용한다. 이에 따른 정서적 문제, 교육 문제, 약물 문제 등 다양한 어려움에 직면해 있다. 범죄인 줄도 모르고 범죄에 가담할 수 있기에 더욱 위험하다.

가출 예방을 위한 관심과 노력이 필요하다고 위의 시는 말한다. 이들에겐 바른 생활이란 것이 무엇을 의미하는지. 바른 생활에 대한 권고는 선생님이나 부모님께서 무엇을 강요하기 위한 잔소리가 아니라 자신보다는 주변을 우선순위에 두자는 그런 말이다.

잠시 세상의 일에서 벗어나 몰아치는 파도나 비를 바라보며 상념에 잠기기도 한다. 휴식의 강물 위에 몸을 띄우고 아득히 흘러가는 듯하다.

4. 긍정의 원천

> 상처 난 파도의 끝자락이 거품을 물고 있다
> 쉼표 없이 밀려 왔다 갔다를 반복하는 너
>
> 먼바다에서 만난 물결들과
> 친해지기도 전에 부둥켜안고 뒹굴었으니
> 이미 우리는 갈라질 수 없는 천생연분이다

바람에 흔들리고 폭풍에 찢어질 것 같은
위기도 있었지만
우리는 맞잡은 손을 놓지 않았지

가는 길의 끝이 어디인지 몰라도
마지막 순간까지 너의 모습을 볼 수만 있다면
목청 높이 노래를 부르리라

서로의 마음이 닿는 자리에서
번져 오는 향기를 들이마시며
함께 웃고,
네 상처를 천천히 덮어 주리

- 「파도 속의 인연」 전문

  인간의 삶도 어찌 보면 파도와 같다. 쉴 사이 없이 밀려갔다가 밀려오기를 반복한다. 거대한 몸집으로 사납게 몰아붙일 때도 있지만 호수처럼 달빛과 별빛을 고스란히 전해줄 만큼 잔잔하게 일렁인다. 상처 입은 파도가 하얀 거품을 내뿜으며 지친 모습을 보여주기도 하고 세찬 폭풍에 의해 위기를 맞는다.
  그러나 파도는 긍정의 출렁임으로 다시 살아난다. 바닷새에게 손짓하고 고래의 숨통을 트이게 한다. 파도는 자신 스스로 치유하기도 하지만 타인의 상처를 부드러운 손길로 어루만지며 위무한다. 그리고 서로가 맞잡은 손을 결코, 놓지 않는다. 거센 파도가 바위에 부딪쳐 물살이 하얗게 부서지며 치솟아 오를 때 우리의 마음도 함께 치솟아 오른다. 파도라는 긍정의 원천이 힘을 발휘하는 순간이다.

    빗소리를 다독거리며 저 멀리 배달하려는데
    맛도 향기도 느껴지지 않는다

    주인을 잃은 기억은 방황을 거듭하며
    제자리를 찾지 못하고
    어렴풋이 다가오는 그림자를 뒤집어 보니
    조금씩 드러나는 윤곽이
    나를 흔들며 유혹의 손길을 보낸다

    전신을 자극하는 감미로움은
    서서히 나를 포박하며
    멘탈까지 빼앗아 가려 한다

    기나긴 가뭄을 잠재우는 빗줄기는
    얼룩진 세상을 씻어 주며
    싱그러운 새싹에게 희망과 생명의
    전령사로 미소 짓고 있다

조금씩 잦아드는 너를 아쉬워하며
무지개빛으로 남아 있는 물방울을 건드려
본다

- 「비의 유혹」 전문

 파도 위에 비가 내리는 풍경 혹은, 비 내리는 날에 파도치는 해변가의 풍경이다. 폭우나 소나기가 아닌 이상 비는 대체적으로 포근히 내린다. 빗소리를 들으며 상념에 잠겨 자신의 내면을 들여다볼 수도 있겠다.
 또한 폭풍을 동반한 폭우도 생각할 수도 있겠지만 비가 오지 않는 현상이 오래 지속된다면 가뭄이란 또 다른 재해를 겪게 된다. 이때 비가 내려 가뭄을 해소하고 생명의 전령사로서의 의무를 다한다. 메마른 대지에 물을 내려 녹색의 표정을 짓기 시작한다. 생명을 가진 존재가 풍성해질 때 우리의 마음속에서도 긍정의 샘물이 샘솟는다.

 잠시 동안의 명상과 상념을 마무리하고 다시 삶의 현장으로 되돌아와 공공의 적들과 마주해야 할 시간이다.

5. 공공의 적들

염치 없이 삐쭉 고개를 들려는데
만류하는 분위기가 역력해
다시 숨어들어야 했다

누울 자리가 분명한데도 다리를 뻗으려 하니
어느새 좁아진 공간에서 눈치를 봐야 했다

찢어진 바위 틈새로 뿌리를 내리고 있는
식물을 보고 있으면
바위를 가르며 뿌리를 내렸는지
갈라진 바위 틈새를 찾아 뿌리를 내렸는지
궁금해진다

아무리 텃세를 부려도 움트는 싹을
말릴 수가 없듯이
양보와 배려의 마음을
열어 주어야 한다

나의 자리가 중요하듯이
타인의 자리에도
빛과 바람이 스며야 한다

- 「사무실」 전문

사무실이란 공간은 나 혼자만의 공간이 아니라 여러 사람과 공유하는 공간이다. 규칙이 있고 지켜야 할 예절이 있다. 규칙이 무너지면 일을 효과적으로 진행할 수 없다. 위의 시에서 구체적으로 어떤 일들이 일어났는지 알 수는 없지만 서로 지켜야 할 규범에 벗어난 일이 일어났다는 것을 짐작한다.

'공공의 적'의 원래적 의미는 사회 전체의 이익에 반하는 행위를 하는 사람이나 많은 사람에게 피해를 주는 사람을 말한다. 영화나 소설과 같은 대중 매체에서는 사회의 질서를 어지럽히거나 악행을 저지르는 악당이나 범죄자를 지칭하는 표현으로 자주 사용한다. 강우석 감독, 설경구를 주인공으로 한 영화 '공공의 적(2002년)'에서 이들의 만행을 여실히 보여준다.

 하지만 지금 이 글에서 말하는 공공의 적은 무슨 범죄자를 말함이 아니라 공공의 장소를 마치 자신의 공간처럼 여기는 사람들을 의미한다. 길거리를 걸어다니며 담배를 피우는 사람이나 아무 곳에서나 고성방가하는 사람들, 전철 안에서 다른 사람들의 시선은 무시하고 큰 소리로 전화 통화하는 사람들과 같이 사무실 안에서도 이와 엇비슷한 사람들이 존재하지 않을까. 이러한 상황들을 비유적으로 표현한 것뿐이다.

바른 생활은 하루아침에 이루어지는 일이 아니다. 2단계 3단계, 단계별로 나아가야 한다.

6. 바른 생활 프로젝트 2

처음으로 세상이 열렸을 때를 꿈꾸어 본다
쏟아지는 물줄기는 눈부신 안개를 동반하고
풀어헤친 머리처럼 기다란 풀잎들을 뒤로 한 채
숨가쁜 행진을 이어간다

어디서부터 시작된 물의 향연일까?
작은 샘들이 모여 계곡을 만들고
계곡이 합쳐져 시내와 강을 이루듯
우리의 작은 마음들이
한방향으로 모아진다면
어떠한 어려움도 극복할 수 있으리라

꽃을 보는 것보다 피우는 마음으로
정해진 기준을 흐트리지 않고 따르는 마음으로
먼저 인사하고 먼저 손 내미는 마음으로
생각을 가다듬고 두손을 모아본다

작은 마음들이 모여 원대한 꿈을 이루어
내겠지

- 「전설의 모티브」 전문

위의 인용시 초반부만 읽었을 때는 물의 원천에 대하여 시상을 펼쳐나가려나 생각했다. 그러나 중반부부터 그 흐름이 바뀐다. "작은 샘들이 모여 계곡을 만들고/ 계곡이 합쳐져 시내와 강을 이루듯/ 우리의 작은 마음들이/ 한 방향으로 모아진다면" 즉, 이 문장부터 시작해서 종반에 이르기까지는 하나의 과녁을 향해 함께 나아가자는 화합의 의미를 피력한다.

화합和合은 갈등이나 분열을 조장하지 않고 서로 돕고 함께하는 상태이고 긍정적이고 협력적인 관계를 강조한다. 반면에 벽돌이 빠져 담이 무너지지 않을까 하는 우려의 그림자도 스민다.

사람들은 불화하기는 쉬워도 화합하기는 어렵다는 견해가 일반적이다. 우리는 살면서 많은 사람을 만난다. 생김새는 물론이거니와 살아온 환경과 습관, 사고와 표현방식까지 어느 하나도 같지 않다 심지어 평생을 함께 가야 할 부부도 남남끼리 만나 결혼하여 함께 살아간다. 물론 사랑의 힘에 의지하여 부부가 같이 살아가지만 그렇게 쉽지만은 않다. 어떤 삶의 형태라도 불화라는 장벽을 넘어 화합하기 위해서는 상대방의 주장을 인정해야 하기 때문이다. 이에 대한 해답이 위의 시, 말미에 쓰여 있다.

"꽃을 보는 것보다 피우는 마음으로/ 정해진 기준을 흐트리지 않고 따르는 마음으로/ 먼저 인사하고 먼저 손 내미는 마음으로."

노을 지는 하늘을 바라본다. 기나긴 여운을 남기고 또 하루가 저문다.

>햇빛에 흠집 난 인연을 조합해 본다
>그토록 갈망하며 찾아 헤매었는데
>곁에 있을 땐 소중함을 왜 모르고 방치했을까
>어둠 속에서 갈구하며 목말라 했던 밝은 빛은
>왜 곁에 있을 땐 무심코 흘려 보냈을까

>강 건너 저녁노을은 새털 구름과 어우러져
>붉은 색채의 마법을 보이는데
>저 멀리 기러기 무리는
>백댄스하며 군무를 뽐내고 있다

하늘 도화지 무대에서 펼쳐진 황홀한 공
연 속에서
자칫 지나쳐 버릴 수 있는 파노라마를
가슴에 묻어 두고 축제 속으로 빠져든다

노을의 화려함을 마음껏 누리며
어둠 속으로 이동하는
너의 끝자락을 아쉬워하며 붙잡아 본다
고즈넉한 여운을 뒤로하고
내일의 너를 기대하면서

– 「저녁노을」 전문

참으로 아름다운 결말이 아닐 수 없다. "어둠 속으로 이동하는/ 너의 끝자락을 아쉬워하며 붙잡아 본다" 이 문장이 함유하는 바는 미련이라기보다는 과연 나 스스로가 최선을 다했을까 하는 염려의 마음이 먼저 앞선다고 할 수 있다. 그리하여 훗날에 대한 기약을 꿈꿀 수 있다는 의미로 마무리한다.

최지호 시편들의 특징은 시가 어디서 무엇으로 어떻게 시작했건 결론은 '긍정 에너지'나 '바른 생활' 프로젝트와 연결된다. 이 연결성은 공동체에서 내가 할 수 있는 일을 찾아 실천하는 태도와 상대방과의 차이나 다양성을 서로 존중하면서 생활함을 뜻한다.

 최지호의 시적 화자들의 시선은 따뜻하고 연민이 서려 있다. 어려움에 처한 이들이 도움을 요청할 때, 언제든 팔을 걷어붙이고 손길을 뻗는다. 굳이 그들이 도움을 요청하지 않아도 말없이 도움을 주고자 하는 시인 혹은, 시적 화자의 모습을 떠올려 보는 것도 어렵지 않다. 될 수 있는 한 타인을 배려하고자 하며 우리가 그냥 지나칠 수 있는 사소한 일도 그냥 지나치지 않는다. 자연의 아름다움에 감사하며 자연의 섭리와 인간의 진정성을 매우 애지중지하며 살아간다. 타인을 향한 배려심도 그냥 생기지 않는다. 스스로가 긍정적인 시선을 가지지 못한 사람은 타인에 관심 두기를 두려워한다.

 부정적인 생각들이 머릿속에 가득한 이들이 어찌 남을 도울 것인가. 최지호의 시는 자신만을 위한 인생은 의미가 없다고 여기는 듯하다. 서로 연대하며 희망을 가꾸어 나가는 삶을 바란다. 내가 먼저 다가가서 온기를 전해주되 손톱만큼이라도 어떤 보상을 바라지 않는다. 바른 생활 프로젝트와 긍정의 힘으로 서로의 입장을 보살펴 주며 아름다운 동행이기를 바란다.

빛남시선 **167**

비타민

초판인쇄 | 2025년 9월 5일
초판발행 | 2025년 9월 10일
지 은 이 | 최지호
펴 낸 곳 | 빛남출판사
등록번호 | 제 2013-000008호
주   소 | 부산시 사하구 감천로21번길 54-6
　　　　　 T.(051)441-7114　E-mail.wmhyun@hanmail.net

ISBN 979-11-94030-22-5(03810)

값 12,000원

ISBN 979-11-94030-22-5